Wie du die Bibel lieben lernst

Christlicher Verlag
Voice of Hope

1. Auflage 2020
2. Auflage 2021
3. Auflage 2022

Originaltitel: How Should Teens Read the Bible?

© 2014 by Joel R. Beeke
Veröffentlicht bei Reformation Heritage Books
Alle Rechte vorbehalten.

© der deutschen Ausgabe 2020
by Verlag Voice of Hope

Eckenhagener Str. 43
51580 Reichshof-Mittelagger
www.voh-shop.de

Übersetzung: Jentje Roks
Lektorat und Design: Voice of Hope

Bestell-Nr. 875.259
ISBN 978-3-947978-59-5

Soweit nicht anders vermerkt, wurden die Bibelzitate
der Schlachter-Bibel 2000 entnommen.

Inhalt

Wie du die Bibel lieben lernst

Wenn du eine Liste von Dingen erstellen müsstest, die das christliche Leben charakterisieren, was würdest du dann alles miteinbeziehen? Ich vermute, dass Gnade ganz oben auf der Liste stehen würde. Das Christenleben sollte ein Gnadenleben sein. Christen sind Menschen, die durch Jesus, allein aus Gnade, Frieden mit Gott gefunden haben, und ihr Leben sollte anderen gegenüber Gnade ausstrahlen. Sie ist ein Merkmal, das jeden Bereich ihres Lebens beeinflusst.

Aber was ist mit einfacheren und alltäglicheren Dingen? Ich bin sicher, dass du dir viele Dinge vorstellen könntest, die Christen regelmäßig tun, aber Beten und Bibellesen kommen dir wahrscheinlich als Erstes in den Sinn. Beten und Bibellesen sind Dinge, die Christen andauernd tun.

In diesem Buch werden wir uns den zweiten dieser beiden Punkte ansehen: das Bibellesen. Insbesondere werden wir uns mit des Christen täglicher Lesung von Gottes Wort befassen. Aber bevor wir uns den sehr praktischen Aspekten des Lesens einer Bibel zuwenden, sollten wir zwei einfache Wahrheiten abklären.

1. Bibellesen ist harte Arbeit.
2. Bibellesen lohnt sich wirklich.

Wenn du diese beiden Wahrheiten im Sinn behältst, ersparst du dir eine Menge Schwierigkeiten, wenn es ums Bibellesen geht. Es ist harte Arbeit, aber sie ist es wert.

Die meisten von euch wissen wahrscheinlich schon, dass Bibellesen harte Arbeit ist. Ich bin mir sicher, dass du es versucht hast und es manchmal sehr schwierig fandest. Vielleicht hast du ab und zu sogar aufgegeben. Möglicherweise überrascht es dich, zu wissen, dass Bibellesen sogar für Prediger oft anstrengende Arbeit ist. Manchmal kann ich es kaum erwarten, dass meine nächste Gelegenheit zum Lesen von Gottes Wort kommt; aber das ist nicht immer der Fall. Wir werden nach Möglichkeiten suchen, es einfacher zu machen und große Freude daran zu finden; aber das wird die Tatsache nicht ändern, dass es harte Arbeit ist. Wenn du vorhast, deine Bibel jeden Tag ernsthaft zu lesen, sollte es dir klar sein, dass du vor einem Kampf stehst. Wenn du meinst, dass es wie ein entspannter Spaziergang im Park sein wird, wirst du furchtbar enttäuscht sein. Es ist enorm harte Arbeit, auch für Prediger und Pastoren.

Warum Bibellesen harte Arbeit ist

Warum ist es so schwierig, die Bibel zu lesen? Hier sind drei wichtige Gründe:

1

Die Bibel ist umfangreich. In der Tat, sie ist riesig! Sie ist mehr wie eine Bibliothek als wie ein Buch. Sie ist eine Bibliothek von Büchern: sechsundsechzig Bücher gibt es da. Das ist eine Menge Bücher! Einige von euch mögen nicht einmal 66 Bücher besitzen. Die Bibel, die ich benutzte, als ich dieses Buch schrieb, ist am Ende jeder Seite mit einigen

Anmerkungen zum Studium versehen; sie ist also noch etwas umfangreicher als viele andere Bibeln – knapp über zweitausend Seiten enthält sie! Selbst eine durchschnittliche Bibel besteht aus mehr als tausend Seiten. Die Bibel ist wahrscheinlich eines der dicksten Bücher bei dir zu Hause. Kein Wunder, dass es schwierig ist, sie zu lesen! Sie ist umfangreich.

Die Bibel enthält viele Teile, die schwer zu verstehen sind. Sogar der Apostel Petrus gab zu, dass er manches von dem, was Paulus geschrieben hat, schwer verständlich fand. Du bist also nicht der einzige Mensch, der sich oft fragt, was etwas Bestimmtes in der Bibel bedeutet.

3

Die Bibel scheint für uns oft belanglos zu sein. Hast du jemals versucht, die erste Hälfte von Jesaja zu lesen, nur um seitenweise Flüche gegen Menschen, die vor Jahrtausenden gestorben sind und unaussprechbare Namen haben, vorzufinden? Was hat das mit irgendetwas von heute zu tun? Wenn die Bibel das dickste Buch ist, das du besitzt, und eines der schwierigsten Bücher, die du je gelesen hast, dann brauchst du einen guten Grund dafür, dir so viel Mühe zu geben, um das ganze Buch zu bewältigen. Wenn es dir belanglos erscheint, wirst du es wahrscheinlich nicht von der ersten bis zur letzten Seite lesen.

Gründe, die Bibel zu lesen

Welchen Grund könnte es also geben, die Bibel zu lesen? Gott sei Dank, dass es einige sehr gute Gründe gibt, dieses dicke, herausfordernde Buch zu lesen. Lass mich nur drei davon erwähnen.

—

LIES DIE BIBEL, WEIL SIE GOTTES WORT IST

Zunächst müssen wir verstehen, dass die Bibel nicht belanglos ist. Sie ist vielmehr das bedeutungsvollste Buch, das je geschrieben wurde! Sie ist wichtig, und zwar sehr wichtig. Warum? Weil sie Gottes Wort an uns ist. Das ist der wichtigste Grund, die Bibel zu lesen: Sie ist das Wort Gottes.

Nun, wahrscheinlich hast du diesen Ausdruck, »Gottes Wort«, schon viele Male gehört, und er mag dir nicht mehr so wichtig erscheinen. Aber denk mal einen Moment darüber nach. In diesem Buch spricht Gott zu uns! Dies ist Gottes Botschaft an Seine Gemeinde! Das ist erstaunlich! Das ist der wichtigste Grund, die Bibel zu lesen. Plötzlich ist die Länge der Bibel ein Segen! Preise Gott dafür, dass Er uns so viel von Seinem Wort gegeben hat! Was für ein Schatz!

Wenn du eine E-Mail von einem Freund bekommst, den du wirklich magst, dann bist du nicht enttäuscht, wenn sie lang ist, oder? Je länger, desto besser! Wenn ich auf Reisen bin, liebe ich es, lange E-Mails von meiner Frau zu erhalten – je länger, desto besser, denn ich liebe sie. Wenn du in deinem Posteingang eine E-Mail von jemandem siehst, von dem du wirklich ger-

ne hören möchtest, bist du furchtbar enttäuscht, wenn du sie öffnest und sie nur
eine Zeile enthält: »Tut mir leid, ich bin für
eine Woche weg; werde schreiben, wenn
ich zurück bin.« So eine E-Mail ist leicht zu
lesen, aber sie lässt dich mit dem Wunsch
zurück, dass sie viel länger wäre! Es würde mehr Zeit kosten und wäre zweifellos
mehr Arbeit, eine längere E-Mail zu lesen;
aber diese zusätzliche Arbeit wäre für dich
ein Vergnügen, nicht wahr? Die Bibel ist
wie eine riesige E-Mail von Gott an Seine
Gemeinde. Sie wäre viel einfacher zu lesen, wenn sie kürzer wäre; aber wer würde das wünschen! Das ist also der erste
und wichtigste Grund, die Bibel zu lesen:
Sie ist eine Botschaft von Gott.

LIES DIE BIBEL, WEIL SIE DIE WAHRHEIT IST

Zweitens, die Bibel ist wahr. Es gibt viele Dinge in diesem Leben, die ungewiss

sind. Man erzählt dir Dinge, und du bist dir nicht immer sicher, ob sie wahr sind. Aber die Bibel ist Gottes Wort. Gott ist die Wahrheit; somit ist Sein Wort wahr. Vielleicht hat einer deiner Freunde dich angelogen. Du dachtest, du könntest ihm oder ihr vertrauen, aber du hast herausgefunden, dass du es nicht kannst. Du wirst feststellen, dass ein Großteil des Lebens so ist. Es gibt viele Dinge, bei denen du dir nicht ganz sicher sein kannst – angefangen bei dem, was die Medien dir sagen, bis hin zu dem, was Freunde dir erzählen. Menschen belügen mich jeden Tag in ihren E-Mails aus der ganzen Welt und sagen mir, dass ich Millionen von Dollar gewinnen könne, wenn ich ihnen bestimmte Informationen zur Verfügung stellte und ihre Bedingungen befolgte. Aber alles, was sie wünschen, ist, Informationen über mich zu bekommen, damit sie mich ausnutzen können. Sie wollen mich nicht reich machen; sie wollen sich auf meine Kosten bereichern.

Die Wahrheit ist in der heutigen Welt schwer zu finden; aber es gibt einen Ort, an dem wir sicher sein können, sie zu finden: in Gottes Wort. Gott kann nicht lügen; somit ist alles, was Er sagt, wahr. Das ist ein guter Grund, die Bibel zu lesen. Charles Spurgeon, ein bekannter englischer Prediger des 18. Jahrhunderts, schrieb: »Je tiefer du in der Schrift gräbst, desto mehr wirst du feststellen, dass sie eine unendliche Tiefe der Wahrheit enthält.« In einer Welt des Treibsandes ist Gottes Wort felsenfest. Stehe darauf, baue darauf, und du wirst in Sicherheit sein. Darüber besteht kein Zweifel.

LIES, UM WEISHEIT ZU BEKOMMEN

Drittens, die Bibel ist voller Weisheit – vor allem Weisheit zur Errettung. Die Bibel selbst sagt, dass sie imstande ist, *»dich weise zu machen zur Errettung«*. Paulus schreibt an Timotheus: »*Von Kindheit an [kennst du] die heiligen Schriften, welche die Kraft haben, dich weise zu machen zur Errettung durch den Glauben, der in Christus Jesus ist*« *(2. Timotheus 3,15).* Der Heilige Geist hat das Lesen und Studieren der Bibel im Leben unzähliger Millionen benutzt, um ihnen ihre Sünde zu zeigen, sie zu Jesus Christus zu führen, zur Errettung, und sie dazu zu erziehen, ein christliches Leben zu führen. Diese Weisheit kann Er auch dir gewähren.

Aber die Bibel ist auch voller Weisheit für den praktischen Alltag. Wenn du in Situationen gerätst, in denen du dir nicht sicher bist, was du als nächstes tun solltest, dann könntest du jemanden um Rat fragen – einen Freund vielleicht. Der Rat, den dein Freund dir gibt, kann sehr gut gemeint sein; er oder sie könnte wirklich und aufrichtig deine besten Interessen im Sinn haben. Aber der Rat könnte dennoch fürchterlich sein. Er könnte sehr töricht sein. Dein Freund mag gute Absichten haben, aber es fehlt ihm an Weisheit. Gott mangelt es nie an Weisheit, und Sein Wort ist voll davon. Dort wirst du Grundsätze finden, die dich leiten, die sowohl gut gemeint *als auch weise* sind. Man muss sich nie über den Rat der Bibel wundern. Er ist die Weisheit Gottes.

»Wer weise ist, der hört darauf und vermehrt seine Kenntnisse, und wer verständig ist, eignet sich weise Lebensführung an.«

Sprüche 1,5

Praktische Hilfen zum Bibellesen

Somit gibt es also drei bedeutende Gründe, die Bibel zu lesen. Ich bin sicher, dass dir noch mehr einfallen können; aber diese drei sind sehr wichtig und bieten uns die Motivation, das dickste Buch aus unseren Bibliotheken in die Hand zu nehmen und zu lesen – es ist von Gott, es ist wahr, und es ist voller Weisheit.

Aber wenn wir erfolgreich sein wollen beim Versuch, die Bibel regelmäßig zu lesen, müssen wir uns selbst disziplinieren. Viele Menschen haben gute Absichten gehabt, die Bibel zu lesen, haben es aber letztendlich aufgegeben. Vielleicht bist du einer von ihnen. Möglicherweise regen dich die Gründe zum Bibellesen, die wir gerade durchgegangen sind, wirklich an. Aber diese Begeisterung wird bald nachlassen, wenn du mit der schwierigen Arbeit beginnst, sie tatsächlich umzusetzen. Du musst darauf vorbereitet sein, dass dein Eifer schwindet, und du musst auf die Zeiten vorbereitet sein, in denen du nicht unbedingt Lust hast, die Bibel zu lesen.

Ein Fußballtrainer versucht, an alle Taktiken zu denken, nach der die andere Mannschaft vorgehen könnte, und ordnet seine Spieler in einer Formation an, von der er glaubt, dass sie so am besten in der Lage sein werden, das Spiel trotz der Taktik der anderen Mannschaft zu gewinnen. Mit anderen Worten, er bedenkt im Voraus, was der Gegner tun könnte, und stellt sein Team so auf, dass es nicht völlig unvorbereitet ist, wenn das Spiel beginnt. Das gleiche Prinzip gilt für die Vorbereitung zum Bibellesen. Es gibt eine Menge

Wettstreit um deine Zeit und Energie, und wenn du mit deinem Bibellesen etwas erreichen willst, musst du das Feld betreten – bereit für den Wettkampf.

Gottes Gnade ist [wie ein Regenbogen] über all diese Vorbereitungen gewölbt. Wir brauchen Gottes Gnade, wenn wir mit dem Bibellesen irgendwelche Fortschritte machen wollen, und wir brauchen sie ganz bestimmt, wenn wir von unserem Lesen profitieren wollen. Du siehst, das Bibellesen ist kein Selbstzweck; der Zweck ist: Gemeinschaft mit Gott. Wenn Bibellesen dich nicht in die Gemeinschaft mit Gott bringt, dann ist es ein Misserfolg. Das Ziel ist Gemeinschaft, nicht das Vervollständigen einer Checkliste von gelesenen Passagen. Und das erfordert Gnade. Aber die Bibel selbst ist ein Kanal der Gnade! Es ist ein gesegneter Kreislauf. Du brauchst Gnade, um das Wort zu lesen; aber Gnade ist im Wort erhältlich. Also hinein ins Wort!

Gnade ist das Wichtigste; aber es gibt einige sehr praktische Dinge, die du tun

Wenn wir nicht eine Zeit einplanen, in der wir nichts anderes zulassen, werden wir unsere Bibel nicht lesen.

kannst und die dir helfen werden, die Bibel regelmäßig und gewinnbringend zu lesen.

LEGE DICH AUF EINE ZEIT FEST

Das Erste und Wichtigste, das du tun solltest, ist, eine Zeit festzulegen. Es gibt so viele Dinge, die wir zu tun haben, und so viele Dinge, die wir gerne tun würden, dass wir nie Zeit zum Bibellesen haben werden, wenn wir es nicht sorgfältig planen. Wir müssen also planen. Wenn das Bibellesen ganz unten auf unserer Prioritätenliste steht, wenn wir es tun wollen, nachdem wir alles andere getan haben, werden wir es überhaupt nicht tun. Wenn wir nicht eine Zeit einplanen, in der wir nichts anderes zulassen, werden wir unsere Bibel nicht lesen. Es wird einfach nicht passieren; flüchtiges Bibellesen wird zu verpasstem Bibellesen. Denke über deinen Tag nach und wähle eine bestimmte Zeit zum Lesen deiner Bibel aus! Lies deine Bibel zu diesem Zeitpunkt und lass nicht zu, dass etwas anderes da hineindringt.

FINDE EINEN ORT

Als Zweites solltest du dir den besten Ort zum Bibellesen ausdenken, einen Ort, an dem du keine Ablenkungen hast. Versuche nicht, deine Bibel in dem gleichen Raum zu lesen, in dem deine Geschwister gerade miteinander spielen. Es wird nicht funktionieren. Du wirst hoffnungslos abgelenkt sein. Dein Schlafzimmer ist wahrscheinlich ein guter Ort, besonders wenn du ein Zimmer für dich selbst hast; aber es ist eine schlechte Idee, im Bett zu liegen, während du deine Bibel liest. Das ist eine gute Position zum Einschlafen, aber eine fürchterliche Position, um Gottes Wort zu lesen. Du wirst mehr schlafen als lesen. Finde also einen guten Ort und mache ihn zu deinem festen Platz zum regelmäßigen

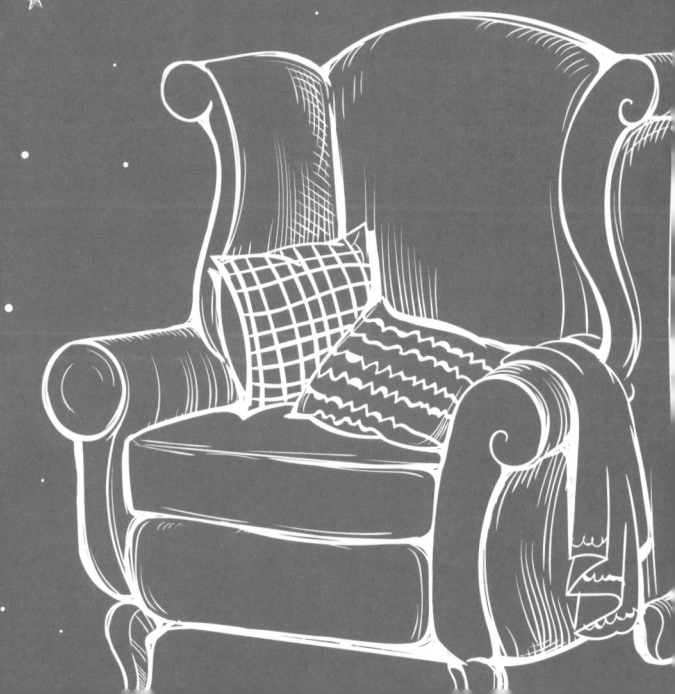

Finde einen guten
Ort und mache ihn
zu deinem festen Platz
zum regelmäßigen
Bibellesen.

Bibellesen. Wenn du es dir zur Routine machst, wird dein Verstand automatisch in den Lesemodus wechseln, wenn du zu deinem Leseplatz gehst. Wenn du es jeden Tag an einem anderen Ort machst, wirst du wahrscheinlich durch neue Anblicke und Geräusche abgelenkt werden. Leg dir also eine Zeit und einen Ort fest. Nimm dir ein bisschen Zeit, um dir einen guten Ort zum Lesen deiner Bibel auszudenken.

ENTWICKLE EINEN PLAN

Drittens solltest du dir einen Plan machen. Ein Bibelleseplan hilft dir, zu wissen, was du schon gelesen hast und was nicht. Einfach willkürlich jeden Tag deine Bibel aufzuschlagen, ist eine schlechte Idee. Es wird viele Teile der Schrift geben, die du nie lesen wirst. Wenn du keinen Plan hast und dich fragst, was du an dem Tag gerade lesen sollst, wie wahrscheinlich ist es dann, dass du so kurze Bücher wie Klagelieder oder 3. Johannes aufschlagen wirst? Nicht sehr wahrscheinlich. Wenn du aber nicht alle Teile der Bibel liest, wirst du nie ein Gespür für ihre große, übergreifende Geschichte entwickeln.

Es gibt viele Bibellesepläne, die du benutzen kannst; aber ein guter Plan für den Anfang ist einer, der dich in einem Jahr durch die ganze Bibel führt. Ein Durch-die-Bibel-Leseplan stellt sicher, dass du jeden Teil der Schrift liest.

Wusstest du, dass du die ganze Bibel in einem Jahr durchlesen kannst, indem du jeden Tag nur fünfzehn Minuten zum Lesen aufwendest? Es stehen uns pro Tag 1 440 Minuten zur Verfügung. Wenn du nur fünfzehn dieser Minuten jeden Tag mit Bibellesen verbringst, was etwa einem Prozent deiner Tageszeit entspricht, kannst du das ganze Wort Gottes in einem Jahr durchlesen. Plane also dein Bibellesen. Du wirst dich nie fragen müssen, was du als nächstes zu lesen hast; du wirst immer wissen, was du gelesen hast

Wusstest du, dass du die ganze Bibel in einem Jahr durchlesen kannst, indem du jeden Tag nur 15 Minuten zum Lesen aufwendest?

und was nicht, und bald wirst du feststellen, dass du die ganze Bibel durchgelesen hast. An manchen Tagen werden dir diese fünfzehn Minuten wie eine lange Zeit erscheinen; aber am Ende des Jahres, wenn du das tausendseitige Buch vollständig durchgelesen hast, wirst du sehen, dass das systematische Lesen der Bibel nicht ganz so schwer ist, wie du gedacht hattest.

WIE MAN LESEN SOLLTE

Die Schrift lehrt uns, dass die Bibel öffentlich im Gottesdienst gelesen werden muss (Apostelgeschichte 15,21; 1. Timotheus 4, 13), aber dass sie auch zum Segen dient, wenn sie persönlich gelesen, gehört und wenn ihr gehorcht wird. Offenbarung 1,3 sagt: »*Glückselig ist, der die Worte der Weissagung liest, und die sie hören und bewahren, was darin geschrieben steht.*«

Aber wie sollten wir lesen? Eines der hilfreichsten kleinen Bücher über das Bibellesen wurde von dem Puritaner[1] Richard Greenham (ca. 1535-1594) geschrieben. Nachdem er feststellt, dass Gott die Predigt und das Lesen Seines Wortes im Werk der Errettung des Gläubigen untrennbar miteinander verbunden hat, konzentriert er sich auf unsere Pflicht, die Schrift regelmäßig und persönlich zu lesen, wobei er sich auf 5. Mose 6,6 und 11,18; Nehemia 8,8; Psalm 1,2; Apostelgeschichte 15,21 und 2. Petrus 1,19 stützt.

Indem Greenham praktischer wird, sagt er, dass die Menschen nicht nur sündigen, wenn sie es versäumen, die Bibel zu lesen, sondern auch, wenn sie die Bibel falsch lesen. Er gibt uns dann acht Hilfen fürs Bibellesen, von denen jede in einem Wort zusammengefasst werden kann. Sie lauten:

---

1 Die Puritaner waren Christen im 16. bis 18. Jahrhundert in England, Schottland und Nordamerika. Sie setzten sich für die bibeltreue und reformatorische Lehre ein.

1. Eifer

Wir müssen beim Lesen der Heiligen Schrift mehr Eifer aufwenden als bei irgendetwas Weltlichem. Wir sollten unsere Bibel mit mehr Eifer lesen und studieren, als Männer nach verborgenen Schätzen suchen, sagt Greenham. Eifer macht raue Bereiche eben, das Schwierige einfach, das Widerwärtige schmackhaft. »Hört nicht auf mit dem Lesen der Bibel«, fügt Thomas Watson, ebenfalls Puritaner, hinzu, »bis eure Herzen erwärmt sind. Lasst euch durch die Bibel nicht nur unterweisen, sondern auch entflammen.«

2. Weisheit

Wir müssen bei der Wahl des Abschnitts, der Ordnung und Zeit Weisheit aufwenden. Obwohl wir alles in der Bibel lesen müssen, wie wir gesehen haben, ist es nicht weise, den größten Teil unserer Lesezeit auf die schwierigsten Teile der Schrift zu verwenden. In Bezug auf die Ordnung stimmt Greenham zu, dass wir ein System haben sollten, das uns hilft, die ganze Bibel durchzulesen, da nur eine ganze Bibel einen ganzen Christen ausmacht. Was die Zeit betrifft, so sollte kein Tag vergehen, ohne die Bibel gelesen zu haben. Tatsächlich empfiehlt Greenham, zwei- bis dreimal täglich in der Schrift zu lesen und am Sonntag einen längeren Teil derselben, weil der Sonntag der Tag des Herrn ist, an dem wir mehr Zeit mit Ihm verbringen sollten.

3. Vorbereitung

Eine angemessene Vorbereitung ist entscheidend. Ohne sie ist das Lesen der Schrift selten gesegnet. Die Vorbereitung umfasst drei Dinge. Erstens müssen wir uns der Schrift mit Ehrfurcht nahen, entschlossen, wie Maria das Wort in unseren Herzen zu bewegen (Lukas 2,19). Zweitens müssen wir uns der Schrift im Glauben an Christus nahen und Ihn als den Messias betrachten, der unsere Herzen öffnen kann, so wie Er es bei den Jüngern tat, als sie nach Emmaus gingen (Lukas 24,27.32). Drittens müssen wir uns der Schrift mit dem aufrichtigen Wunsch in unserem Herzen nahen, von Gott gelehrt zu werden (Johannes 6,45), und mit dem Verlangen, sie im Detail zu studieren. Der große Kirchen-Reformator des 16. Jahrhunderts, Martin Luther, sagte, dass er die Bibel so studiere, wie er Äpfel aufsammele: »Zuerst schüttle ich den Baum, damit die reifsten Äpfel herunterfallen. Dann schüttle ich jeden einzelnen Ast; und wenn ich jeden Ast geschüttelt habe, dann rüttle ich an jedem Zweig. Dann schaue ich unter jedes Blatt.«

4. Nachdenken

Lies langsam und nachdenklich. Einige Teile der Schrift – zum Beispiel das Buch der Sprüche – müssen besonders langsam gelesen werden, um Zeit zu haben, über jeden Vers nachzudenken. Es ist besser, fünf Verse aus den Sprüchen nachdenkend und betend zu lesen, als hundert Verse gedankenlos.

Das Nachdenken über das, was wir in der Bibel lesen, ist von entscheidender Bedeutung. »Denke nach über das Wort im Wort«, sagte der Puritaner John Owen. Du kannst sorgfältig lesen, aber das Lesen wird keine Frucht bringen, wenn du nicht innehältst, um über das nachzudenken und zu studieren, was du gelesen hast. Das Lesen mag dir eine gewisse Bandbreite an Wissen vermitteln, aber nur Nachdenken und Studium werden dir Tiefgang verleihen. Der Unterschied zwischen Lesen und Nachdenken entspricht dem Unterschied zwischen Dahintreiben und Rudern in einem Boot auf ein Ziel zu. Wenn du nur liest, wirst du ziellos dahintreiben; wenn du aber nachdenkst und über das, was du gelesen hast, betest, wirst du Ruder haben, die dich an dein Ziel bringen.

Eine hilfreiche Möglichkeit, dein Nachdenken über die Bibel zu vertiefen, ist, jeden Tag einen Vers aus deiner Bibellese auswendig zu lernen. Denke über jenen Vers den ganzen Tag lang nach, so viel du kannst. Dies ist besonders wichtig, wenn man jung ist. Die meisten Verse, die ich bis heute im Gedächtnis habe, sind solche, die ich mir als Jugendlicher eingeprägt habe. Füllt euren Kopf jetzt mit der Schrift, ihr lieben jungen Menschen, und ihr werdet euer ganzes Leben lang davon profitieren.

5. Gemeinschaft

Greenham nennt das eigentlich »Konferenz«; aber er meint damit, dass man mit anderen über das, was man in der Bibel liest, Gemeinschaft haben sollte. Du solltest besonders mit anderen Gläubigen über die Wahrheiten der Bibel sprechen. Das wird dir helfen, an Erkenntnis zuzunehmen. Sprüche 27,17 sagt es so: »*Eisen schärft Eisen; ebenso schärft ein Mann den anderen.*«

6. Glaube

Unser Bibellesen muss mit dem Glauben verbunden werden. Glaube ist der Schlüssel, um aus dem Bibellesen echten Gewinn zu ziehen (Hebräer 4,2). *»Ohne Glauben aber ist es unmöglich, [Gott] wohlzugefallen«* *(Hebräer 11,6).* »Ohne Glauben zu lesen, bedeutet, in der Finsternis zu wandeln«, sagte Luther. Es ist vergeblich, so zu lesen. »Im Glauben müssen wir nicht nur die Bibel in unserem Innern aufnehmen, sondern sie auf die ganze Beschaffenheit der Seele übertragen«, wie der schottische Prediger und Liederdichter Horatius Bonar sagte.

7. Praxis

Die Frucht des Glaubens muss die Praxis sein; das gelesene Wort muss praktiziert werden. D. Martin Lloyd-Jones (1899-1981), ein treuer Prediger des zwanzigsten Jahrhunderts, schrieb: »Es ist eine gute Sache, das Wort zu studieren, aber nur, um jemand zu sein, der das Wort in die Tat umsetzt und darin lebt.«

Wir müssen die Bibel lesen mit dem Ziel, ihr zu gehorchen. Wir müssen unter

Gebet den Glaubensgehorsam anstreben, den *willigen* Gehorsam, den *unterwürfigen* Gehorsam, den *liebenden* Gehorsam, den *rückhaltlosen* Gehorsam, den *gebetsvollen* Gehorsam, den *abhängigen* Gehorsam und den *kindlichen* Gehorsam. Je mehr wir das Wort im täglichen Gehorsam des Glaubens in die Praxis umsetzen, desto mehr wird Gott unsere Gaben für Seinen Dienst und für die weitere Praxis vermehren. Wenn der Geist unser Gewissen erleuchtet, dass wir das gelesene Wort *umsetzen,* erhalten wir auch den großen Segen der Überzeugung, dass wir Glauben besitzen.

Das heißt, dass wir uns selbst anhand dessen, was wir lesen, untersuchen müssen. Wenn du z. B. Sprüche 3,5 liest: *»Vertraue auf den HERRN von ganzem Herzen und verlass dich nicht auf deinen Verstand«,* dann halte kurz inne und stelle dir folgende Frage: Vertraue ich durch die Gnade auf den Herrn? Welche Bereiche meines Lebens habe ich Ihm noch nicht übergeben? In welchen Bereichen setze ich diesen Text nicht in die Praxis um, sondern halte mich stattdessen an mein eigenes Verständnis? Dann tue Buße über diese Dinge und wende dich zu Gott im Gebet um Vergebung und um Kraft zur Veränderung.

8. Gebet

Das Gebet ist während unserer gesamten Bibellese von wesentlicher Bedeutung, denn wir sind vom Heiligen Geist abhängig, dass Er uns erleuchtet, uns Verständnis gibt und das Wort auf unsere Seele und unser Leben anwendet. Bete, bevor du die Bibel liest, während du sie liest, und nachdem du sie gelesen hast! Beim öffentlichen Lesen der Schrift ist es nicht möglich, nach jedem Vers innezuhalten und zu beten. Beim persönlichen Lesen kannst du die Bibel ruhig ständig mit kurzen, kräftigen und zutreffenden Bitten, zu denen die gelesenen Verse dich anregen, »salzen«.

Wenn wir vor jeder Mahlzeit für die Nahrungsaufnahme unserer leiblichen

<u>Lies und</u>
studiere die Bibel,
um weise zu werden;
glaube ihr, um sicher
zu werden; wende sie an,
um heilig zu werden!
Halte sie fest,
bis sie dich festhält!

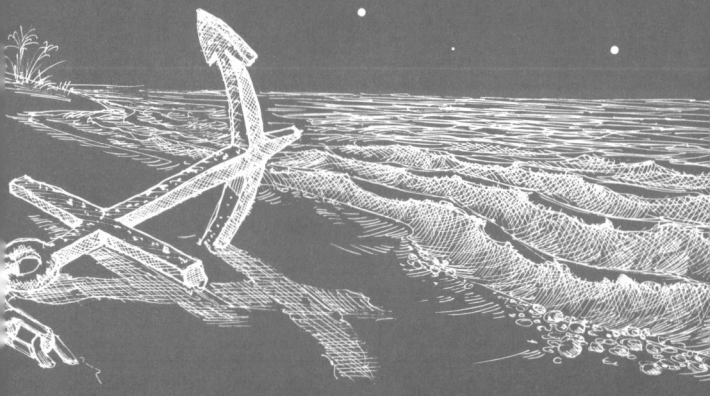

Speise beten, sollten wir dann nicht vielmehr für die geistliche Nahrungsaufnahme aus jeder Bibellese beten? Wenn wir es nicht wagen, unser Essen und Trinken anzufassen, bevor wir gebetet haben, wie wagen wir es dann, ohne Gebet das heilige Buch Gottes anzufassen – unser geistliches Essen und Trinken?

Wenn die Bibel in uns eindringen soll, müssen wir in sie eindringen. Charles Spurgeon sagte: »Rückfall beginnt mit verstaubten Bibeln und endet mit unreinen Kleidern.« Das Wort zu vernachlässigen bedeutet, den Herrn zu vernachlässigen; aber diejenigen, welche die Schrift »als einen Liebesbrief lesen, der dir von Gott geschickt wurde«, wie Thomas Watson es ausdrückte, werden aus ihr profitieren. »Bedenke bei jeder Zeile, die du liest, dass Gott zu dir spricht«, fährt Watson fort zu sagen; dann wirst du durch die Erleuchtung des Geistes Seine erwärmende und umwandelnde Kraft erfahren.

Lies und studiere die Bibel, um weise zu werden; glaube ihr, um sicher zu werden; wende sie an, um heilig zu werden! Halte sie fest, bis sie dich festhält!

»Ich bewahre Dein Wort
in meinem Herzen, damit ich
nicht gegen Dich sündige.«

Psalm 119,11

Praktische Hilfen zum Bibelstudium

Ich habe bereits angedeutet, dass dein Bibellesen erheblich bereichert wird, wenn du die Bibel studierst, während du sie liest. Aber wie solltest du sie studieren? Hier sind ein paar hilfreiche Tipps.

STUDIERE ...
jeweils ein Buch der Bibel

Hier sind einige Vorschläge:

1. Besorg dir ein wertvolles Buch, welches zu jedem Buch der Bibel Einführungsmaterial enthält und dir die wichtigsten

Themen, Absichten und eine Gliederung zeigt, wie zum Beispiel »Basisinformationen zur Bibel« von John F. MacArthur *(Bestell-Nr.: 255.644)* oder »Das Alte Testament verstehen« von Benedikt Peters *(Bestell-Nr.: 304.640)*. Lies das zuerst.

2. Lies das jeweilige Buch der Bibel direkt durch, ohne auf das Einführungsmaterial zurückzublicken.

3. Lies jenes Buch der Bibel nochmal, diesmal zusammen mit dem Einführungsmaterial, bis du die Gliederung, den Ablauf und die Themen dieses Buches gut verstanden hast.

4. Stell dir selbst Fragen wie: Gibt es Wörter oder Ausdrücke, die immer wieder erscheinen? Was bedeuten sie? Im Epheserbrief zum Beispiel bemerkst du die Häufigkeit des Ausdrucks »in Christus«; im Philipperbrief ist es das Wort »Freude«.

5. Lies dieses Buch noch einmal – wenn möglich in der MacArthur Studienbibel oder in der Genfer Studienbibel mit Hilfe der Anmerkungen zum Bibelstudium am unteren Rand der Seite. Während du den Text und die Anmerkungen zusammen liest, wende das, was du entdeckst, auf dein eigenes Leben an. Kurz zurück zum Philipperbrief: Man kommt nicht umhin zu bemerken, dass Paulus große Freude hat, während er diesen Brief vom Gefängnis aus schreibt. Die Botschaft ist klar: Wahre Christen können über Schwierigkeiten triumphieren. Frage dich selbst: Tue ich das gerade jetzt in meinem Leben? Wie könnte ich größere Freude im Herrn haben?

6. Lies das betreffende Buch der Bibel noch einmal, diesmal mit ein paar guten Kommentaren an deiner Seite oder vielleicht einer Reihe von Predigten (von D. Martin Lloyd Jones, John F. MacArthur und C. H. Spurgeon u. a.),

und lies langsam, betend und nach-denkend. Verwende Kommentare zur gesamten Bibel, von Matthew Henry oder von D. Guthrie/J. A. Motyer *(Bestell-Nr.: 226.497)*. Du solltest auch den Kauf der besten Kommentare zu einzelnen Bibelbüchern erwägen, wenn deine finanziellen Mittel es dir erlauben. Sie können dir eine großartige Hilfe sein.

7. Sprich mit anderen über deine Studie, oder, noch besser, schließe dich einer Bibelstudiengruppe an, die dieses Buch ernsthaft studiert.

STUDIERE ...
jeweils ein Kapitel

Hier sind zehn Fragen, die man zu jedem Kapitel der Schrift stellen kann:

1.

Was lehrt mich dieses Kapitel über Gott?
Suche nach Lehre über Seine

*Eigenschaften, Seine Gesinnung
und Seine Taten.*

2.

Was offenbart dieses
Kapitel speziell über Christus?
*Suche Christus in der ganzen Heiligen
Schrift, einschließlich in den Büchern des
Alten Testaments. Er ist der Schlüssel zur
Schrift und die Botschaft der gesamten
Bibel (Apostelgeschichte 10,43).*

3.

Welche Lehren werden
in diesem Kapitel vermittelt?
*Erstelle eine Liste von ihnen mit grundlegen-
den Zitaten aus dem Kapitel und allen dir
bekannten Querverweisen.*

4.

Wer sind die Hauptpersonen?

5.

Was sind die wichtigsten Ereignisse?

6.

Welche Sünden und Torheiten
werden erwähnt oder angedeutet?
*Prüfe dein Leben im Licht
dieser Liste. Welche Dinge musst
du bekennen und aufgeben?*

7.

Welche Tugenden sind in diesem
Kapitel enthalten, nach denen ich
suchen und die ich pflegen sollte?

8.

Was habe ich Neues gelernt, und
welche alte Wahrheit hat der Herr mir mit
neuem Segen für mein Herz aufgezeigt?

9.

Welche Schlüsselworte und Ausdrücke
erfordern ein weiteres Studium?

10.

Was wird dafür sorgen, dass ich mich an
dieses Kapitel erinnern kann?

STUDIERE ...
einzelne Wörter und Verse

Wir vertiefen unser Bibelstudium, wenn wir uns einzelne Wörter und Verse in ihrem biblischen Zusammenhang aufmerksam ansehen. Angenommen, du hast nicht alttestamentliches Hebräisch oder neutestamentliches Griechisch studiert; dann ist die beste Art und Weise, um dies zu tun, die zwei folgenden Bücher zu beschaffen: die *Konkordanz zur Schlachter Bibel 2000* und Stephen D. Renns *Exegetisches Handwörterbuch zur Bibel*. Beginne damit, die Schlüsselworte eines Textes in der *Konkordanz* nachzuschlagen, und schlage anschließend Wort für Wort im *Exegetischen Handwörterbuch zur Bibel* nach, um die umfassendere Bedeutung zu erfahren.

Erstelle danach eine Liste von dem jeweiligen Wort in seinen unterschiedlichen Kontexten. Untersuche die einzelnen Zusammenhänge auf Hinweise zur Bedeutung des Wortes. Finde deutliche Passagen, um die Bedeutungen zu veranschaulichen, die du in dem Wort entdeckt hast. Das mag zunächst etwas mühsam erscheinen; aber wenn du durchhältst, dann wirst du es bald anregend und spannend finden.

Stelle Fragen, während du studierst. Was sagt der Text angesichts der Bedeutung dieser Wörter aus? Was ist Gottes besondere Botschaft in diesem speziellen Vers, die in diesem bestimmten Kapitel liegt? Welche Lehre wird hier erklärt? Welche Erfahrung der Gläubigen wird hier aufgeschlossen?

STUDIERE ...
verschiedene Themenbereiche in der Bibel

Es gibt Hunderte von spannenden Themenbereichen in der Bibel zu studieren. Viele davon sind Lehren – wie etwa die Souveränität Gottes oder die Fürsprache Christi. Andere sind praktische Themenfelder, wie etwa, wie Christen mit Leiden zurechtkommen. Oder vielleicht möchtest du besser eine einzelne biblische Person studieren, wie etwa Noah, Elia oder Petrus. Vergiss vor allem nicht, Jesus Christus, das lebendige Wort, zu deinem wichtigsten Studienobjekt zu machen! Studiere Christus in Seiner Person, Seinen Ämtern, Seinem Status, Seiner Wesensart und Seinen Wohltaten. Studiere Seinen Charakter. Studiere Seine Gleichnisse und Wunder.

Zahlreiche biblisch fundierte reformatorische Bücher sind jetzt verfügbar, die dir beim Studieren all dieser Bereiche helfen. *Besuche den Verlag Voice of Hope unter www.voh-shop.de.* Dort findest du gute reformatorische Literatur; fange an, sie in Verbindung mit deinem Bibelstudium zu lesen – wenn du das nicht schon tust.

STUDIERE ...
die Grundlagen gesunder Prinzipien, wie man die Bibel auslegt

Ich empfehle dir sehr, die Kapitel 3 und 4 von »Bibelstudium für Einsteiger« (R. C.

Sproul, *Bestell-Nr.: 175.989*) zu lesen. Du wirst feststellen, dass diese Kapitel einfach zu verstehen und sehr hilfreich sind. Lerne von Sproul, wie man die Schrift mit der Schrift vergleicht, wie und wann man die Bibel wörtlich nimmt, welche Auslegungsmethoden man für verschiedene Literaturgattungen der Schrift anwenden kann, und so vieles mehr.

STUDIERE ...
die Anwendungen auf das persönliche Leben, die sich aus dem Text ergeben

Stelle dir in Anbetracht deines Hintergrunds, deiner Lebensumstände und Herausforderungen folgende Fragen: Was sagen mir diese einzelnen Worte und dieser bestimmte Vers heute in praktischer Art und Weise? Welches ist die praktische Wahrheit, die ich auf mein eigenes Leben hier anwenden kann? Kann ich in meiner Erkenntnis einer bestimmten Lehre in diesem Vers wachsen? Ermuntert mich das Studium dieses Verses dazu, hierin eine Anleitung für meinen Alltag zu erblicken – vielleicht etwas, wofür ich dankbar sein muss, oder eine Veränderung, die durch die Kraft des Geistes vorgenommen werden muss? Wird hier eine Sünde dargestellt, die ich ernsthafter bekämpfen muss, eine Gerechtigkeit, nach der ich konsequenter streben muss, eine Verheißung, die ich völliger ergreifen muss? Was sollte ich vom Studium dieses Verses her erleben? Wie sollte ich bezüglich dieser Passage empfinden? Sollte ich darauf mit Freude, mit Kummer oder einer Mischung aus beidem reagieren?

STUDIERE ...
die Bibel, um Fallstricke zu vermeiden, die sich aus einem unausgewogenen Lesen der Schrift ergeben

Lies nicht zu schnell. Lies nicht, ohne zu beten. Lies nicht nur, um deinen Verstand mit der Wahrheit zu füllen. Sei nicht stolz auf das, was du weißt.

Sei nicht zu entmutigt, wenn es dir immer wieder misslingt, die Bibel richtig zu lesen! Gib nicht auf! Bitte um Vergebung und fange wieder neu an zu lesen. Lass das Wort deinen Kopf füllen, dein Herz erweichen und deine Hände zum Handeln bewegen. Da hast du es – Kopf, Herz und Hände. Lass dein Bibellesen sich auf dein ganzes Leben auswirken!

Wir haben einige wirklich wichtige Gründe erkannt, die Bibel zu lesen, und wir haben uns einige Ratschläge angesehen, die uns helfen können, dieses Lesen zu meistern und das zu studieren, was wir lesen. Wenn du diesem Vorschlag folgst, dann bete ich dafür, dass du entdecken wirst, dass das Lesen der Bibel nicht eine Last oder nur eine Pflicht ist, die wir durchstehen müssen, um uns nicht schlecht zu fühlen. Bibellesen kann eine Erfahrung voller Freude und Vergnügen sein. Es kann die beste Zeit deines Tages sein.

Die Freude des Bibellesens

Wir werden abschließend die Freude des Lesens von Gottes Wort anschauen. Aber bevor wir zu den Einzelheiten kommen, müssen wir eine sehr wichtige Sache feststellen. Ohne das Verständnis dieser Wahrheit wirst du niemals Freude am Bibellesen haben. Dies ist der wichtigste Teil dieses Buches. Das Bibellesen wird dich nicht erretten; jedoch zeigt dir die Bibel den Weg, wie du errettet werden kannst. Das Bibellesen selbst wird dich in Gottes Augen nicht annehmbarer machen; doch durch das Lesen von Gottes Wort kannst du erkennen, dass du ein Sünder bist und Errettung brauchst. Der Unterschied zwi-

schen einem Gläubigen und einem Un-
gläubigen ist, dass der Gläubige aus Gnade durch den Glauben an Jesus Christus
errettet ist. Aber der Ungläubige erkennt
nicht, dass er verloren ist, und deshalb
kommt er nicht zu Christus.

Solange du nicht wirklich errettet bist,
wirst du nie dazu imstande sein, dich am
Bibellesen zu erfreuen. Warum nicht?
Weil du am Lesen der Bibel immer schei-
tern wirst. Du wirst sie nicht so oft lesen,
wie du solltest; du wirst sie nicht so sorgfältig lesen, wie du solltest; du wirst ihre
Bedeutung nicht verstehen, und du wirst
ihre Wunder nicht sehen. Du wirst immer
wieder Zweifel an ihr haben. Du wirst den
Mut verlieren, bis du schließlich verzwei-
felt aufgibst und aufhörst, die Bibel überhaupt noch zu lesen.

Aber die frohe Botschaft des Evange-
liums oder der Bibel ist, dass du dir Gottes
Gnade nicht verdienen musst, indem du
etwas tust. Jesus Christus hat schon alles
getan, und deshalb ist Er der einzige Weg

zu Gott. Wenn du aber nicht auf Ihn vertraust in Bezug auf deine ganze Vergebung und deine ganze Annehmbarkeit vor Gott, wirst du niemals Freude am Lesen deiner Bibel finden. Deshalb wende dich zu Ihm; vertraue auf Ihn, bekenne Ihm deine Sünden, und dann bekommst du die Freude, die beim Lesen des Wortes des Herrn, des Retters, zu finden ist!

In der Bibel selbst finden wir eine Aufzeichnung von denjenigen, die Gottes Wort liebten und daran große Freude fanden. Insbesondere die Psalmen sind voller Ausdrücke dieser Freude: »*Und ich will mich erfreuen an Deinen Geboten, die ich liebe*« (Psalm 119,47); »*Ich habe meine Wonne an Deinem Gesetz*« (Psalm 119,70); »*Ich freue mich über Dein Wort wie einer, der große Beute findet*« (Psalm 119,162). Jeremia hat Folgendes zu sagen: »*Als ich Deine Worte fand, da verschlang ich sie; Deine Worte sind mir zur Freude und Wonne meines Herzens geworden*« (*Jeremia 15,16*). Diese Männer schmeckten die Gnade Gottes und liebten Gottes Wort.

Auch in der gesamten Kirchengeschichte hat es viele Menschen gegeben, die das Wort Gottes geliebt und ihre größte Freude darin gefunden haben. Schauen wir mal, was einige von ihnen darüber sagten:

George Whitefield:

»Studiere die Bibel, um Gott mehr und mehr zu erkennen, denn je mehr du weißt, desto mehr wirst du Ihn lieben.«

John Bunyan:

»Ich war nie außerhalb meiner Bibel«, schrieb er. »Die Sünde wird dich von diesem Buch abhalten, oder dieses Buch wird dich von der Sünde abhalten.«

William Romaine:

»Je länger du die Bibel liest, desto mehr wirst du an ihr Gefallen finden. Sie wird dir immer süßer und süßer werden; und je mehr du in ihren Geist hineintauchst, desto mehr wirst du in den Geist Christi hineintauchen.«

John Blanchard:

Er schreibt, dass die Bibel »dafür bestimmt ist, ein ständiges Mittel zur Erleuchtung, Bereicherung und Ermutigung zu sein, und dass ihr dynamischer Einfluss eine vertiefende Freude in unser tägliches Leben bringt.«

Die Gründe, warum Männer und Frauen so viel Freude im Wort gefunden haben, sind die gleichen wie die Gründe, warum wir es überhaupt lesen. Es ist das Wort Gottes. Diejenigen, die Gott lieben, wollen gerne von Ihm hören. Sie lieben es, die Worte zu lesen, die Er ihnen gegeben hat. Diese Worte sind wahr und voller Weisheit. Welch eine Freude, Wahrheit und Weisheit in einer Welt zu finden, der diese Dinge so sehr mangeln!

Neben diesen Faktoren gibt es noch einen weiteren: Der Inhalt der Bibel ist einfach bemerkenswert. Manchmal verlieren diejenigen von uns, die in einem christlichen Zuhause aufgewachsen sind, dies aus den Augen. Wir haben die Geschichten schon so oft gehört, dass wir ihre auffallende Schönheit nicht mehr sehen. Die Bibel enthält einen allumfassenden Bericht, der sich von der Schöpfung bis zum Ende der Welt und darüber hinaus erstreckt. Er ist so komplex und zugleich so einfach. Die Bibel ist voller Geschichten über Männer und Frauen, Jugendliche, Jungen und Mädchen; über große Sünde und noch größere Gnade. Sie enthält Briefe, Prophetien, Gleichnisse, Gebote und Verheißungen. Sie ist vollgepackt mit erstaunlichen Dingen. Auf jeder Seite ist Schönheit zu finden. Und es ist alles wahr. Oh, preise Gott für die Bibel! Sie ist wundervoll und wahr. Wenn du diese Schönheit siehst, ist das Lesen deiner Bibel unbeschreibliche Freude! Es ist eine Freude wie keine andere, sich in das lebendige Wort des lebendigen Gottes hineinzugraben. Welches andere Buch könnte damit verglichen werden?! Es zu lesen bleibt harte Arbeit, und es erfordert noch immer Disziplin; aber es ist eine freudvolle Arbeit, und es ist eine Disziplin mit großer Belohnung.

»Als ich Deine Worte fand, da verschlang ich sie; Deine Worte sind mir zur Freude und Wonne meines Herzens geworden.«

Jeremia 15,16

Bibellesen ist die Mühe wert

Wir haben gesehen, dass das Bibellesen eines der schwierigsten Dinge ist, die man tun kann. Du weißt, dass es harte Arbeit ist; aber ich hoffe, dass du auch siehst, dass es sich auf jeden Fall lohnt. Es gibt so viele gute Gründe, die Bibel zu lesen. Sie ist das Wort von Gott Selbst! Obwohl die Aufgabe manchmal schwierig ist, kannst du diese einfachen Schritte unternehmen, um diese Aufgabe leichter zu machen und dich selbst zum Lesen zu ermutigen, auch wenn dir mal nicht danach zumute ist. Durch die Gnade Gottes in Jesus Christus wirst du Freude in diesem Wort finden – eine Welt der Freude! Also nimm den

Plan, den du für eine bestimmte Zeit, für einen bestimmten Ort und für ein systematisches Lesen gemacht hast, und geh, lies deine Bibel. Es wird harte Arbeit sein, aber es wird sich lohnen.

»Wie habe ich Dein Gesetz so lieb! Ich sinne darüber nach den ganzen Tag. Deine Gebote machen mich weiser als meine Feinde, denn sie sind ewiglich mein [Teil]. Ich bin verständiger geworden als alle meine Lehrer, denn über Deine Zeugnisse sinne ich nach. Ich bin einsichtiger als die Alten, denn ich achte auf Deine Befehle. Ich halte meine Füße fern von jedem bösen Weg, damit ich Dein Wort befolge. Von Deinen Bestimmungen bin ich nicht abgewichen, denn Du hast mich gelehrt. Wie süß ist Dein Wort meinem Gaumen, mehr als Honig meinem Mund!«

Psalm 119,97-103

Hilfreiche Werke zum Bibelstudium

Was du über die
Errettung wissen musst
Peter Jeffery
Bestell-Nr.: 875.400

Wie man die Bibel studiert
John MacArthur
Bestell-Nr.: 875.461